EXTRAIT DU TOME XII
DES ANNALES DE LA SOCIÉTÉ DES LETTRES, SCIENCES ET ARTS
DES ALPES-MARITIMES

LES
FRANCS-TIREURS
DES ALPES-MARITIMES

pendant la Campagne de 1870-71

PAR

F. BRUN

NICE
IMPRIMERIE ET LITHOGRAPHIE MALVANO-MIGNON
62, RUE GIOFFREDO, 62

1889

EXTRAIT DU TOME XII

DES ANNALES DE LA SOCIÉTÉ DES LETTRES, SCIENCES ET ARTS

DES ALPES-MARITIMES

LES
FRANCS-TIREURS
DES ALPES-MARITIMES
pendant la Campagne de 1870-71

PAR

F. BRUN

NICE

IMPRIMERIE ET LITHOGRAPHIE MALVANO-MIGNON

62, RUE GIOFFREDO, 62

1889

LES FRANCS-TIREURS DES ALPES-MARITIMES

pendant la Campagne de 1870-71

I

Au moment où tout semblait conspirer pour accabler la patrie française, quand l'incapacité des uns, la trahison des autres livrait nos frontières à l'invasion tudesque, malgré le courage de nos soldats, on vit s'accentuer, dans un pays nouvellement réuni à la France, un mouvement de patriotisme, un élan de bravoure et de dévouement, dont le gouvernement de la Défense Nationale a été profondément touché et dont la nation tout entière doit garder au comté de Nice une perpétuelle reconnaissance.

Proportionnellement à sa population, Nice est une des villes de France qui a fourni le plus de volontaires à la défense nationale.

On aime la liberté dans la patrie de Garibaldi : le plébiscite qui a précédé la guerre de 1870 l'avait déjà démontré, mais la chute du régime impérial et la proclamation de la République y furent accueillies avec un enthousiasme indescriptible.

Dès le quatre septembre, des enrôlements furent ouverts et, en quelques semaines, sept compagnies de volontaires couraient à l'ennemi. De ces sept compagnies cinq appartenaient au corps des francs-tireurs des Alpes-Maritimes, que celui qui écrit ces lignes eut l'honneur d'organiser et de commander.

C'est l'historique de ce corps, dont il possède tous les documents officiels, que l'auteur de ce mémoire croit devoir conserver comme exemple de ce que peut l'initiative privée et le renoncement à soi-même pour le bien public.

En rendant hommage à ceux qui ont volontairement sacrifié leur repos, leurs intérêts, leur bien-être, leur vie même, pour la défense de la patrie, nous ne faisons qu'accomplir un devoir. Le bon citoyen qui s'est dévoué à la chose publique, doit être honoré par la nation, de même que le traître, le parjure doit être impitoyablement rejeté du sein de la patrie offensée, pour que les éléments de désorganisation soient écartés et pour que le châtiment serve d'exemple.

« Tout dépend, dit Montesquieu, d'établir dans la République l'amour des lois et de la patrie et c'est à l'inspirer que l'éducation doit être attentive : mais, pour que les enfants puissent l'avoir, il y a un sûr moyen, c'est que les pères l'aient eux-mêmes. »

II

A Nice, les hommes qui, après Wissembourg, Reischoffen et Forbach, se réunissaient pour demander au gouvernement impérial l'autorisation de fonder une société de tir n'étaient pas des chauvins ; presque tous avaient considéré la guerre déclarée à la Prusse comme une faute dont ils redoutaient les conséquences fatales. Dans toute autre circonstance, leur demande aurait eu bien peu de chance d'être accueillie ; mais, en ce moment, la Préfecture en comprenant l'importance, approuva, le 19 août 1870, les **statuts et règlements généraux de cette société**, conformément auxquels elle procéda à l'élection de son bureau, dont M. François Brun fut nommé président; MM. Lefèvre et Maxime Sauvan, vice-présidents; M. Garnier, trésorier.

Le 4 septembre, libre des entraves administratives, elle décida, à l'unanimité, dans une réunion générale, que, vu les malheurs qui accablaient la France, il y avait lieu de constituer rapidement, à l'exemple de l'Espagne en 1809 et du Mexique en 1857, des corps-francs destinés à défendre pied à pied le sol de la patrie et à harceler l'ennemi par une guerre acharnée de tous les instants. Les membres présents à la réunion s'engagèrent à concourir à cette œuvre patriotique : la moitié des sociétaires, ceux auxquels leur âge, leurs aptitudes physiques et leur état le permettaient, s'inscrivirent immédiatement pour faire partie du premier détachement. Les autres, regrettant de ne pouvoir participer plus activement à la défense nationale, contractèrent, séance tenante, l'obligation de pourvoir à l'équipement et à la solde des volontaires pendant toute la durée de la guerre et à former immédiatement un cadre d'instructeurs dont la mission serait d'enseigner aux engagés les principes de la guerre de partisan, de les entraîner par des marches et des exercices et, surtout, d'en faire rapidement d'adroits tireurs.

La souscription immédiatement ouverte parmi les membres de la société suffit non seulement à faire face aux frais d'équipement complet du premier détachement composé de cinquante hommes, mais encore à en assurer la solde.

C'est grâce à cette prévoyante organisation, permettant de préparer les ressources, pourvoyant à tous les besoins, qu'il a été possible à la Société des francs-tireurs d'enrôler, d'instruire, d'équiper et d'entretenir devant l'ennemi cinq compagnies d'hommes valides et courageux, aptes à supporter toutes les fatigues et toutes les privations de cette malheureuse campagne de 1870-71.

Nombre de ceux qui furent réduits à s'occuper de l'organisation enviaient le sort des partants. L'âge, les infirmités, une famille aux besoins de laquelle il fallait journellement pourvoir, des devoirs impérieux à accomplir, tels furent, en général, les obstacles qui retinrent à Nice une partie des membres de la Société.

L'un d'eux, ancien officier, qui dès le début de la campagne s'était mis, sans solde ni indemnité, à la disposition des autorités militaires, désirait partir avec les volontaires d'une compagnie. Le lieutenant-colonel de gendarmerie Petit-Jean, officier des plus distingués, qui faisait fonctions de général de brigade à Nice, le dissuada de ce projet. « Que feriez-vous en tenant la campagne avec une cinquantaine d'hommes ? Ce serait pour vous une satisfaction personnelle, mais un plus jeune et plus vigoureux que vous peut rendre le même service, tandis que tout le monde n'a pas les connaissances nécessaires aux organisations militaires qui vont nous incomber ici, soit pour les corps francs, soit pour la garde nationale mobilisée. Nous avons besoin de vous ici, il faut y rester. Il n'est pas amusant de faire la soupe, ajouta-t-il en plaisantant, mais il faut pourtant bien que quelqu'un se résigne à la faire. »

Il en est donc resté pour faire la soupe, et nous devons leur rendre cette justice, c'est qu'ils l'ont faite aussi bonne qu'il leur a été possible.

Les enrôlements pour le corps des francs-tireurs des Alpes-Maritimes furent annoncés par des affiches et par les journaux. Les jeunes gens, à partir de dix-huit ans, furent admis avec l'autorisation écrite de leurs parents, et il n'y eut point de limite d'âge pour les hommes faits qui, après la visite réglementaire passée par M. le docteur

Amphoux devant le Conseil d'administration, furent reconnus aptes à supporter les fatigues de la guerre. Quelques engagés s'entendirent avec le Conseil d'administration pour que leurs familles fussent secourues pendant leur absence, ce qui fut religieusement accompli.

Le principe qui présida à la fixation de l'uniforme des volontaires fut l'hygiène d'abord, puis ensuite l'obligation de dissimuler autant que possible la présence des francs-tireurs par la couleur sombre de leurs vêtements. L'habillement fut arrêté de la manière suivante : tunique de drap gris foncé avec collet, parements et passe-poils verts, pantalon de même nuance avec bande verte ; képi gris foncé avec bandeau vert et petite cocarde tricolore sur le devant ; manteau court à la zouave avec capuchon de même drap que la tunique.

Petit équipement semblable à celui des chasseurs à pied, cartouchière, couverture de laine brune portée en sautoir ; chemises et ceinture de laine. Les sacs faisant défaut, chaque homme fut muni d'une musette en toile, et d'un grand carré d'étoffe imperméable destiné à envelopper dans la musette les objets craignant l'humidité. L'armement fut le fusil chassepot avec baïonnette-sabre pour les soldats ; le sabre et le revolver pour les officiers.

Au début, les galons des officiers étaient en cordonnet de soie noire ; ils furent modifiés plus tard pour les nécessités du service et de la discipline, conformément aux instructions des généraux sous les ordres desquels se trouvèrent les compagnies. A partir du moment de son inscription sur les registres matricules du corps, chaque volontaire reçut de la société une solde de 2 francs par jour.

IV

Le 22 septembre, à 2 heures après-midi, c'est-à-dire dix-sept jours seulement après l'ouverture des enrôlements, M. Baragnon, commissaire extraordinaire du gouvernement de la défense nationale dans les Alpes-Maritimes, passait en revue la première compagnie. Le 23 à 6 heures du matin, elle partait de Nice entièrement équipée et armée ; il ne lui manquait que des cartouches qu'il avait été impossible de se procurer à Nice et qui lui furent distribuées à Tours où elle arrivait le 26 à 9 heures du matin [1].

Le jour même, la compagnie fut reçue par la délégation du gouvernement, dans la cour de l'archevêché et la lettre suivante fut adressée au président de la Société :

Tours, le 27 septembre 1870.

Mon cher Brun,

Vos hommes sont superbes, la délégation du gouvernement de la défense nationale vient de les passer en revue et me charge de vous adresser toutes ses félicitations.

Cette lettre était signée par un vieux républicain proscrit par l'Empire, Tavernier, alors secrétaire du gouvernement.

M. Tavernier avait occupé à Nice les fonctions de secrétaire général de la Préfecture, sous l'administration de M. Baragnon ; il venait de quitter Nice et arrivait à Tours presque en même temps que la compagnie dont il est question. Il fut plus tard préfet d'Orléans, arrêté par les Prussiens et enlevé *manu militari* de son poste qu'il refusait d'abandonner.

---

1. Les autres compagnies furent exercées au tir au moyen de cartouches fabriquées par les soins de la société elle-même, sous la direction de M. Filiat, qui avait inventé une machine spéciale pour la fabrication des capsules. La capsulerie de Toulon était encore en construction le 7 décembre, lors de notre mission pour l'organisation de l'artillerie départementale, et les capsules faisaient absolument défaut à l'arsenal.

V

À la nouvelle de la formation d'une compagnie de francs-tireurs à Nice, la jeunesse de Cannes s'était constituée en comité ; elle délégua deux de ses membres près des organisateurs de ce corps, à l'effet de s'informer de la marche à suivre et des moyens d'action à mettre en jeu.

Le Président de la Société de Nice crut devoir s'entendre au préalable avec le commissaire du gouvernement, lequel lui fit adresser la lettre suivante, pour lui permettre de se mettre officiellement en rapport avec les autorités de la ville de Cannes.

PRÉFECTURE
DES ALPES-MARITIMES
—

Nice, le 23 septembre 1870.

Monsieur Brun,

Je vous autorise à vous rendre à Cannes, auprès de M. Borniol, pour procéder, s'il y a lieu, à l'organisation de la Compagnie des volontaires francs-tireurs.

Recevez, Monsieur, mes félicitations.

Le Secrétaire général :
Par ordre du Commissaire général,
TAVERNIER,

Le Président se rendit près de M. Borniol, maire de Cannes, patriote éprouvé, qui accorda tout son concours à la formation de la nouvelle compagnie.

Le 25 septembre, il recevait de la Société des francs-tireurs de la ville de Cannes, un avis dont nous extrayons le passage suivant :

Nous envoyons vers vous pour servir d'intermédiaire, un membre actif qui est tout à votre disposition et qui nous transmettra toutes vos décisions.

Les officiers nommés par le suffrage sont :

MM. Cresp, Jean-Honoré, capitaine ;
Chemit, Benoit, lieutenant ;
Périssol, Gaspard, sous-lieutenant ;
Perrin, Jean-Nicolas, sous-lieutenant.

M. Lecal, notre envoyé, vous indiquera le jour où aura lieu la réunion du Comité de Cannes et nous espérons que vous voudrez bien venir nous indiquer les mesures nécessaires pour la formation.

Agréez, Monsieur, nos sincères remerciements.

Pour la section active de Cannes,

J. H. CRESP.

En conséquence, le Comité de Nice unit avec empressement ses efforts à ceux du Comité de Cannes ; toutes les mesures furent prises pour l'organisation régulière, l'armement et l'achèvement de l'équipement de la deuxième compagnie qui, comme on le verra dans la suite de ce récit, s'est particulièrement distinguée pendant la campagne et a fait le plus grand honneur à notre département.

L'activité déployée par la jeunesse cannoise fut telle que la deuxième compagnie, armée et conduite au champ de tir du Var par le président de la Société de Nice, put passer la revue de départ dix jours seulement après la première et partit de Nice le 1er octobre. Elle se rendit directement à Tours où elle put compléter son instruction et d'où elle partit le 14 à 5 heures du soir pour Vendôme.

Le 16 elle fit étape à Cloyes ; le 17 au matin, une dépêche l'appelait à Châteaudun où l'ennemi était signalé et le 18 elle livrait ce combat qui restera célèbre dans l'histoire de la défense nationale.

La deuxième compagnie des francs-tireurs des Alpes-Maritimes fit partie de la première armée de la Loire et fut attachée au XVe corps pour le service d'éclaireurs.

Cependant, la première compagnie, après un court séjour à Orléans, fut envoyée aux avant-postes ; le 4 octobre elle brûlait ses premières cartouches dans une embuscade contre la cavalerie ennemie, à Mareau-au-Bois, près de Vrigny ; à Dadonville, près de Pithiviers, le 5, elle fut saluée par les boulets prussiens, ce qui ne l'empêcha pas de pousser jusqu'à Malesherbes où elle se trouva engagée avec la cavalerie dont une attaque fut repoussée par nos hommes dans la nuit du 8 au 9 octobre. Cette petite troupe absolument en l'air, fut rappelée comme trop exposée et reçut l'ordre de battre en retraite sur Orléans.

VI

Pendant ce temps, la formation de la troisième compagnie se poursuivait à Nice avec une activité fiévreuse ; le 12 octobre elle quittait Nice pleine d'ardeur, sous le commandement de M. Albert Gignoux. Cette compagnie, presque exclusivement composée de très jeunes gens, tint, pendant toute la campagne, une conduite des plus honorables et qui lui valut à plusieurs reprises les félicitations chaleureuses des chefs sous les ordres desquels elle fut appelée à opérer.

Dans un des nombreux engagements qu'elle eut avec la cavalerie prussienne, aux environs de Bonneval, à Moriers, le 15 novembre, elle blessa et fit prisonnier, après avoir détruit presque toute son escorte, l'aide de camp du prince Albrecht de Saxe-Weimar.

Cette compagnie supporta le choc direct de l'aile gauche de l'armée prussienne à Beaugency et fut obligée de battre en retraite sans cesser de combattre, après avoir été décimée par le feu de l'ennemi et en perdant tous ses bagages. Le rappport du capitaine Gignoux sur la lutte qu'il eut à soutenir à Beaugency se termine par ces mots : « Nous n'avons plus ni sacs, ni capotes, ni couvertures ; il ne nous reste que nos fusils et encore quelques-uns sont brisés. »

La troisième compagnie a occupé Illiers dans les premiers jours de novembre et c'est elle qui valut à ce village, dans les rapports officiels de l'ennemi, l'épithète d'*affreux nid de francs-tireurs*.

Toujours en contact avec l'ennemi, c'est elle qui, à Saint-Léger, a tiré le dernier coup de fusil de l'armée de la Loire.

Nous donnerons dans le rapport adressé au ministre de la guerre le détail de ses nombreux engagements.

Cette compagnie fit partie de la deuxième armée de la Loire et fut attachée d'abord au XVIIe corps, première division, et, en dernier lieu, au XVIe corps, quatrième division, deuxième brigade.

VII

La quatrième compagnie quitta Nice le 27 octobre. A 9 heures du matin, elle avait été passée en revue à la Préfecture par M. Marc Dufaisse et par M. Blache ; à 1 heure et demie, elle partait entourée d'une foule énorme, qui saluait nos volontaires de ses acclamations sympathiques. La cinquième compagnie partit de Nice le 17 novembre à 2 heures ; arrivée à Chagny, cette compagnie rencontra la quatrième qui, d'après décision du comité, fusionna avec elle. Les deux compagnies furent réunies sous les ordres du capitaine de la cinquième, M. Boyenval, ancien élève de l'Ecole Polytechnique, ingénieur des manufactures de l'Etat, qui s'était engagé comme simple volontaire et avait été élu capitaine à l'unanimité par les hommes de sa compagnie.

Les quatrième et cinquième compagnies réunies firent partie, comme éclaireurs, de la deuxième armée de la Loire,

XXIᵉ corps, troisième division, deuxième brigade. Les principaux engagements auxquels elles ont assisté sont les suivants : Marchenoir, Binas, Villermain, Lorges, Fretteval, Le Mans, Sillé-le-Guillaume.

VIII

Pendant toute la campagne, les compagnies restèrent en communication directe avec la société dont elles émanaient ; un service spécial de correspondance ayant été organisé par l'état-major du corps, qui avait confié plus particulièrement le transport des subsides à deux de ses officiers munis de leurs brevets en règle et reconnus comme belligérants. Ces deux messieurs, dont on ne saurait trop louer le zèle et le dévouement étaient, MM. Garnier, capitaine trésorier, et Dupré, officier payeur.

Cette mission délicate était loin d'être sans danger ; en plusieurs circonstances, c'est sous le feu même de l'ennemi qu'ils ont pu rejoindre les compagnies. M. Dupré a même pu prendre une part active à divers engagements, notamment à celui de Moriers où il a fait le coup de feu en tirailleur comme un simple volontaire.

D'autres membres du Conseil d'administration du corps de francs-tireurs des Alpes-Maritimes, dont la bonne organisation avait frappé les administrateurs du département, furent désignés par la commission extraordinaire de la défense nationale pour faire partie du Conseil départemental chargé de l'organisation de la garde nationale mobilisée. MM. Brun et Humblot-Guerre faisaient partie de la commission d'armement et furent, avec M. Caméré, ingénieur des ponts et chaussées, délégués pour la confection des batteries d'artillerie départementales. Ils quittèrent Nice au mois de décembre pour cette importante mission.

IX

Nous publierons, à la suite de cette notice, quelques-uns des documents intéressants qui ont pu être conservés ; mais, avant de terminer cet exposé succinct, il nous reste à étudier par quels moyens l'initiative et la volonté énergique de quelques patriotes ont pu triompher des obstacles qui leur ont été opposés et organiser, équiper, instruire et entretenir devant l'ennemi, pendant toute la durée de la lutte, cinq compagnies de volontaires.

Les membres du comité, élus en Assemblée générale, s'étaient partagé le travail administratif dès la constitution de la société. Des listes de souscription furent imprimées et distribuées à tous les sociétaires, qui se mirent immédiatement à l'œuvre. Une circulaire faisant appel au patriotisme des diverses communes du département fut adressée à tous les maires.

Cet appel fut entendu et certaines communes s'empressèrent d'adresser leur offrande au comité d'organisation, savoir :

Nice, qui fit un don de 10,000 fr.; Biot, 600 fr.; Valbonne, 525 fr.; Grasse et Mougins qui donnèrent 500 fr. chacune; Villefranche, Vallauris, Saorge, Contes, qui s'inscrivirent chacune pour 300 fr.; Le Cannet, pour 212 fr.; Clans, Villars, Breil, Moulinet, La Gaude, Valderoure, Saint-Laurent-du-Var, Roquebillière, qui envoyèrent chacune 200 fr.; et, enfin, les communes de Roquestéron, Saint-Paul, Bézaudun, Saint-Martin-d'Entraunes, Cabris, Gorbio, Mandelieu, Vence, Gréolières, Le Broc, Auvare, Saint-Dalmas, Guillaumes, Saint-Sauveur, Tourrette, Drap, Berre, La Trinité, La Turbie, Levens, La Roquette-du-Var, Saint-Auban, Peille, Sigale, Ilonse, Bonson, Sospel, Castillon, Gilette, Châteauneuf-de-Grasse, Aspremont, Caussols, Cipières, Mouans-Sartoux, Villeneuve, Coursegoules, La Colle, Levens, Entraunes, Châteauneuf-d'Entraunes, Villeneuve-d'Entraunes, Saint-Étienne, Pierlas, Touët, Saint-Vallier, Caille, Coursegoules, qui portèrent à la somme de 18,574 fr. 25 c. la souscription totale des communes du département. Il faut ajouter à cette somme les cotisations des membres de la société et les dons faits par eux s'élevant au chiffre de 22,842 fr. 95 c.

Enfin, les dons particuliers parmi lesquels nous devons mentionner les souscriptions mensuelles de MM. Delestrac, ingénieur en chef des ponts et chaussées, Maxime Sauvan, Henri Lefèvre, Fieux, Abbo, Fontaine, Durand-Billon, Arlaud, Sardou père, Audiberti, ceux du Cercle Masséna, de M. Paul Gautier et de Mlle Gautier, de Mme Besobrazoff, de MM. Dauprat, Rastoin, Verdier, de Moya, Marchessaux, Blanc, Fesquet, Cassin, Maurel, Avette, de Mme Gignoux, de MM. Mayrargues, Aune de Lagorgette, Gall, Bouttau, Gillard, Crozals, de M. et Mlle Dauprat, du sous-préfet de Grasse, et d'un grand nombre de personnes qui ont souscrit pour des sommes diverses inférieures à 50 fr. Ajoutons les offrandes des employés de la Gare, de la Société de Secours à la Patrie, du Cercle de l'Union de Valbonne, de la Société Commerciale et industrielle de Nice, de la Société du Gaz de Nice, du journal le *Réveil des Alpes-Maritimes*, du Cercle des Alpes-Maritimes à Grasse, du Bureau de Bienfaisance de La Colle, du Lycée de Nice, de la Manufacture des Tabacs, des Loges maçonniques, et, enfin, le produit de plusieurs concerts et représentations organisés par M. Buisson, par Mme Caméré, par M. Avette; enfin, un inconnu nous adressa la somme de 2,000 francs.

Le chiffre total des sommes recueillies par le Comité de Nice seulement s'élève à 70,141 fr. 40 c. Il faut encore ajouter à cette somme les offrandes recueillies par le Comité de Cannes et dont le montant a été spécialement affecté à l'instruction et à la solde de la deuxième compagnie.

Le livre de caisse du trésorier pour le Comité de Nice accuse en recette......................Fr.   70.141 40
et en dépense 69.957 05

La différence, soit...................Fr.   184 35
a été répartie de la manière suivante :

A l'Asile évangélique, où plusieurs de nos volontaires ont reçu des soins au retour de la campagne et où l'un d'eux, M. Suzini, est venu mourir...........Fr.   100 »
Aux Petites-Sœurs des Pauvres 84 35

A part MM. Sauvan, Lefèvre et Paul Gautier, membre honoraire, dont la générosité a été inépuisable, nous n'avons pas compris dans cette énumération les noms des membres de la Société. Il est bon de rappeler que M. Sauvan a pris, en outre, à son compte, l'équipement complet d'une compagnie.

Nous devons ajouter à ces détails, qu'après plusieurs combats, nos volontaires, comme en témoigne la lettre si éloquente dans sa simplicité du capitaine Gignoux, se trouvèrent dépourvus de tout. L'intendance à laquelle il fut fait appel pourvut à leurs besoins et leur fournit les vêtements indispensables dans une saison aussi rigoureuse. Quand la facture de ces fournitures fut présentée au Conseil d'administration du corps, il fut décidé, à l'unanimité, que l'on abandonnerait, en échange de cette fourniture, la somme due par l'État pour la masse de chaque volontaire, aucune somme n'ayant été perçue, de ce chef, par la Société. La différence que nous abandonnions ainsi montait à plusieurs milliers de francs.

Tel est le résumé succinct de la gestion financière du

Conseil d'administration de la Société puissamment aidé dans son œuvre, il ne faut pas l'oublier, par le dévouement des membres de l'association.

X

Notre intention n'est pas de publier un volume sur la campagne de 1870 et de suivre pas à pas la marche de chacune de nos compagnies ; notre but est plus modeste : nous nous bornerons à citer quelques épisodes de la campagne, en souvenir de ceux de nos camarades qui ont eu l'honneur d'y prendre part.

Dans l'un des premiers engagements de nos volontaires, le 5 octobre, à Dadonville, près de Pithiviers, la première compagnie, commandée par le capitaine Fombertaux, se trouva subitement en présence d'une forte colonne ennemie composée d'infanterie, de cavalerie et d'artillerie. A la vue du petit groupe formé par nos volontaires auquel s'étaient joints quinze hommes de divers corps et environ quatre-vingts paysans du village de Bouzonville-au-Bois, armés pour la plupart de fusils de chasse, les Allemands prirent une disposition de combat. Nos hommes s'engagèrent dans les taillis et dans les vignes ; quelques flanqueurs ennemis débusqués s'enfuient à la hâte ; on les poursuivit dans la plaine et une fusillade s'engagea avec les tirailleurs allemands. Si l'on en croit la chronique, les paysans mal armés qui s'étaient joints à nos volontaires ne résistèrent pas longtemps à l'envie de battre en retraite et nos volontaires se trouvèrent bientôt seuls en face d'environ quinze cents hommes de troupes solides et de deux pièces de canon. Après une fusillade assez vive, le capitaine voyant qu'il s'était trop avancé fit cesser le feu et mettre la baïonnette au canon et l'arme au pied. De leur côté, les Allemands restèrent immobiles, voulant s'éclairer avant de marcher en avant et croyant sans doute nos hommes appuyés par un corps de troupe masqué par le village; cependant, ils mirent leurs pièces en batterie et envoyèrent quelques obus.

Devant des forces aussi disproportionnées, il n'y avait rien autre chose à faire qu'à se dérober, ce qui fut fait en bon ordre, en gagnant le village et faisant couvrir la retraite par une petite arrière-garde établie dans une vigne, sous un pommier, et à proximité d'un mur qui lui permettait au besoin de couvrir sa retraite. Ce groupe, commandé par un vieux sergent d'Afrique, était composé de six de nos hommes qui, sauf leur chef, n'avaient jamais vu le feu. Ordre leur fut donné d'attirer de ce côté l'attention de l'ennemi par une fusillade bien nourrie.

Les branches du pommier, sous lequel nos francs-tireurs étaient couchés à plat ventre, se recourbaient et touchaient presque terre ; en avant, des vignes obligeaient la cavalerie à s'arrêter à une cinquantaine de mètres. Le sergent Séramon, vieux soldat d'Afrique, avait fait un petit *speech* à ses hommes ; il leur avait fait disposer à terre, devant eux, leurs paquets de cartouches ouverts et leur avait inspiré une telle confiance que ces jeunes gens, sachant qu'ils attireraient sur eux les forces de l'ennemi, ne cessèrent le feu que sur son ordre et dans les conditions suivantes :

Le commandant des troupes ennemies donna l'ordre à la cavalerie de débusquer nos hommes. Deux pelotons chargèrent successivement et furent accueillis par une fusillade bien dirigée, Ils vinrent buter dans les vignes qu'ils n'avaient pas vues et furent obligés de se replier. Pour en finir on eut recours à l'artillerie : « Ne bougez pas, dit Séramon, ce n'est qu'au troisième coup qu'il y aura du danger. » En effet, le premier obus avait porté au delà ; le second n'arriva pas jusqu'à nos hommes ; le troisième coupa le pommier qui tomba sur eux et les prit comme dans une cage. C'est alors seulement qu'ils se glissèrent entre les branches et rejoignirent au pas de course la compagnie déjà loin et hors de portée du feu de l'ennemi. Je cite ce petit épisode comme exemple de ce que peut chez les soldats la confiance en leurs chefs. Ce fut, comme je l'ai dit plus haut, en cette circonstance que la première compagnie reçut le baptême du feu ; pas un homme ne fut blessé.

XI

Le 17 octobre la deuxième compagnie appelée par dépêche de Cloyes à Châteaudun, arriva dans cette localité dont elle trouva les rues barricadées. Le chef des francs-tireurs de la Seine avait pris le commandement supérieur. Il envoya, le jour même, nos hommes en reconnaissance. La compagnie rentra le lendemain après s'être assurée de la présence de huit ou dix mille ennemis au village de Saint-Cloud. Le 18, à midi, l'ennemi s'avançait en colonnes profondes. Les barricades étaient occupées ; les francs-tireurs des Alpes-Maritimes étaient aux postes avancés, déployés en tirailleurs. Obligés de se replier, ils prirent position derrière les barricades sur lesquelles l'ennemi fit immédiatement pleuvoir la mitraille.

Les assaillants étaient au nombre d'environ dix mille hommes et avaient en batterie vingt-trois pièces dont deux spécialement chargées d'incendier la ville. En quelques instants plusieurs quartiers furent en feu. Nos volontaires tenaient ferme derrière les barricades, répondant au canon par une fusillade bien nourrie et des mieux dirigées.

Ce combat acharné dura jusqu'à 7 heures du soir sans

que l'ennemi fît le moindre progrès; si, à ce moment, les renforts qu'on avait demandés à Cloyes et à Vendôme étaient arrivés, l'ennemi aurait été infailliblement repoussé.

La ville était en feu. La barricade de la gare, que défendait un petit poste de gardes nationaux, car on ne s'attendait pas à une attaque de ce côté, fut tournée par les Allemands qui débouchèrent sur la place d'où ils balayaient les rues par des feux de peloton. Nos volontaires les chargèrent à la baïonnette en chantant la *Marseillaise* et leur firent à plusieurs reprises lâcher pied. Bientôt, devant les masses allemandes se renouvelant sans cesse, ils furent obligés de songer à la retraite qui s'effectua par le pont du Loir et la route de Courtalin.

Ce fut principalement à la barricade de la rue de Chartres que nos francs-tireurs se distinguèrent. Avec les volontaires de Nantes, ils tinrent l'ennemi à distance et repoussèrent plusieurs assauts à la suite desquels ils s'élancèrent à la poursuite de l'ennemi qu'ils pourchassaient la baïonnette dans les reins pendant plusieurs centaines de mètres. Des enfants, de jeunes filles prirent part à la défense héroïque de cette barricade; Mlle Laurentine Proux et son jeune frère âgé de douze ans, approvisionnèrent nos hommes de cartouches pendant toute la durée du combat. Mlle Proux reçut derrière la tête une balle qui, heureusement, ne fit que traverser ses cheveux. Il n'y a que deux ans, je crois, que le gouvernement a songé à récompenser le courage de cette patriote en lui accordant une médaille d'honneur.

A minuit, le feu avait gagné tous les quartiers de la ville et resserrait les combattants dans son cercle de flammes ; toute résistance était devenue inutile. Il fallut cesser le combat, mais l'ennemi sut à quel prix il resta vainqueur sur les ruines de la valeureuse cité.

XII

Voici les rapports qui nous furent adressés par le capitaine Cresp et par son lieutenant M. Chemit, aujourd'hui capitaine dans l'armée territoriale.

Extrait du rapport du capitaine Cresp

« D'après les ordres reçus du commandant des francs-tireurs de Paris, je rassemblai à la hâte une partie de la compagnie et je me rendis à la gare pour appuyer ce poste. Après avoir déployé les hommes en tirailleurs en avant de la gare, je fus obligé de me replier sur les barricades après quelques coups de feu. Je disposai une partie de mes hommes, avec ceux du poste avancé, à la barricade de la rue de la Gare, qui était inoccupée et j'y laissai le sous-lieutenant Dussol, des francs-tireurs de Paris. Je me portai, avec le reste de mes forces, à la barricade de la rue de Chartres où arrivait en même temps un lieutenant des francs-tireurs de Paris, à qui je donnai le commandement de cette barricade; je portai ensuite une cinquantaine de gardes nationaux dans les maisons de la rue de Chartres donnant sur le ravin du Loir, pour protéger ce côté de la ville. Après avoir visité sur le Mail un autre poste que je trouvai garni, je revins à la barricade de la rue de Chartres où je pris quelques hommes disponibles pour me mettre en embuscade dans un jardin clos, à droite et en avant de la barricade; nous nous tînmes dans cette position jusqu'à 4 heures ou 4 heures 1/2, heure à laquelle elle devint tout à fait inutile, l'ennemi étant tout à fait délogé de là et se portant en masse pour attaquer la gauche de la barricade en remontant le ravin du Loir. Je me portai avec mes hommes dans un jardin dépendant de la maison qui faisait le coin gauche de la barricade; l'ennemi s'avançait en grand nombre, une fusillade bien nourrie le maintint à distance. Vers le soir, un bon nombre d'hommes ayant leurs armes rendues inutiles par l'encrassement provenant de la grande quantité de cartouches brûlées et ne pouvant les remettre en état à cause de l'obscurité, je les fis ranger la baïonnette au canon dans le corridor de la maison conduisant à la barricade, pour s'y joindre, l'assaut devenant imminent. Au moment où la barricade fut enlevée par l'ennemi, je me trouvai cerné de tous côtés dans le jardin avec deux hommes (le sergent Morin et le caporal Mouton), les seuls qui eussent les armes en bon état; nous tâchâmes de nous frayer un passage à la faveur de la nuit pour gagner le Loir. Nous avions à peine fait vingt pas que je reçus une balle dans la cuisse; je dus à mon revolver qu'elle ne me traversât pas le ventre. A dater de ce moment, je perdis de vue mes deux compagnons [1], je marchai en avant et après avoir sauté, malgré ma blessure, un mur de 4 à 5 mètres d'élévation, je me trouvai au milieu d'une douzaine de gens de la localité avec lesquels je me réfugiai dans une cave; là je pansai mes blessures avec de la terre et ma chemise de flanelle, je me déguisai aussi avec des effets que me fournirent ces gens-là, j'entendis la fusillade continuer jusqu'à minuit. Quelques coups de feu furent encore tirés jusqu'à 8 heures du matin. Le lendemain après-midi, ayant été laissé seul dans la cave par ces habitants qui m'avaient promis de me faire prendre par les ambulances, je me décidai à traverser la ville au milieu des Prussiens, qui ne me reconnurent pas, grâce à mon déguisement, et me transportai à l'hôpital militaire sans être inquiété.

---

1. Ils venaient de tomber aux mains de l'ennemi.

« Les hommes ont tous fait preuve d'une grande bravoure, ils méritent les plus grands éloges.

« Parti de Châteaudun le 23 à 8 heures du soir, j'arrivai à Vendôme à minuit et à Tours le 24 à midi.

« D'après les rapports qui m'ont été faits sur la compagnie, il est constaté que les nommés :

MORIN Marie-Antoine, sergent ;
MOUTON Léopold, caporal ;
CAVALLIER Auguste, franc-tireur ;
APPENDINO Georges, id.
FORESTIER François, id.
BOYER François, id.

sont prisonniers.

« Le nommé Timothée Julien, franc-tireur, a reçu une balle à l'oreille ; Julien Barthélemy, franc-tireur, a été blessé à la jambe d'un éclat d'obus : cet homme est resté enfermé dans une cave avec cinq personnes qui ont été asphyxiées, lui seul a survécu. »

Le lieutenant Chemit, qui commandait une partie de la compagnie, a fourni le rapport suivant :

« Je réunis immédiatement les hommes de la compagnie que je trouvai ; je fis garnir une barricade par le sous-lieutenant Perrin qui se trouvait là, et je laissai avec lui la moitié des hommes dont je disposais ; je montai ensuite avec les hommes qui me restaient, quelques francs-tireurs de Paris et quelques gardes nationaux, dans le clos des Dames-Blanches qu'on venait de me dire être inoccupé. Je fis placer immédiatement un homme à chaque meurtrière. Le feu ne commença pas immédiatement, puisqu'il y avait une ligne de tirailleurs à environ 300 mètres en avant de notre position. Ces tirailleurs étaient partis de la gare ; ils se replièrent lentement et en bon ordre, en faisant de nombreux vides dans les rangs ennemis. Aussitôt la ligne de tirailleurs repliée sur notre position, mes hommes commencèrent un feu nourri sur les Prussiens qui débouchaient du bois et qui vinrent occuper une ferme située à environ 150 mètres du mur crénelé. L'ennemi, croyant cette ferme occupée par nous, dirigea sur l'habitation le feu d'une batterie qui l'incendia immédiatement ; il dut perdre assez d'hommes, car à plusieurs reprises il essaya de tourner notre droite, mais la vigueur avec laquelle nous répondions à son attaque le faisait bientôt se replier sur les débris de la ferme.

« Tous les hommes ont fait preuve de beaucoup de sang-froid, tirant avec calme lorsque l'ennemi se montrait à découvert. Nous avons dû lui faire subir des pertes sensibles ; de notre côté, il n'y eut que quelques blessés.

« A 9 heures du soir, un sergent des francs-tireurs de Paris vint nous annoncer que toutes les barricades étaient débordées et que l'ennemi occupait la place. Il avait été décidé qu'on battrait en retraite par la route de Courtalain, ce qui fut exécuté en bon ordre, la baïonnette au canon. Je n'ai qu'à me louer de la conduite et du sang-froid de tous les hommes qui étaient avec moi. »

XIII

Nous avons entendu raconter maint épisode de cette valeureuse défense de Châteaudun ; nous n'en citerons qu'un seul. Le jeune François Forestier, élève du Lycée de Nice, se trouvait embusqué derrière un mur crénelé d'où il tirait sans relâche et avec adresse, dès qu'il voyait un ennemi à découvert. Un obus bien dirigé vers le créneau meurtrier enlève un pan de mur sans toucher à notre jeune volontaire. Ses chefs l'invitent alors à s'abriter derrière un pan de muraille intact : « J'étais gêné pour viser, répond-il, mais comme cela je vois bien mieux. » Et il resta à la même place. C'est là que, se défendant jusqu'au dernier moment, il fut entouré par une nuée d'ennemis, désarmé et fait prisonnier.

C'est grâce à la présence d'esprit du sergent Morin, ancien sous-officier de zouaves, que nos prisonniers échappèrent au sort destiné aux francs-tireurs. Il fut reconnu par un général allemand, devant lequel il avait été conduit avec ses camarades, et des ordres furent donnés pour qu'ils fussent traités humainement et comme belligérants réguliers. Il eût été du reste absolument contraire au droit des gens de fusiller, sous prétexte de leur nom de francs-tireurs, des combattants portant l'uniforme et munis de livrets et de commissions en règle.

XIV

Le ministre de la guerre ayant demandé un rapport spécial sur la conduite de la 3e compagnie pendant la campagne, nous extrayons quelques notes succinctes de la relation du capitaine Gignoux.

« Nous arrivâmes à Tours le 18 octobre, et le 21 la compagnie fut admise au titre du ministère de la guerre. Le même jour, les commissions furent remises aux officiers. Le 22, sur l'ordre du général commandant la 18e division militaire, je me rendis à la Ferté-Bernard (Sarthe). Arrivés dans cette localité le 24, nous en partîmes le 25 pour Brou (Eure-et-Loir), en passant pas Authon, les Autels, Unverre.

« Le 30, je reçus avis du commandant des mobiles cantonnés à Frazé de la présence à Illiers (à 6 ou 7 kilomètres de Brou), d'une reconnaissance ennemie forte d'environ cinquante hussards.

« La compagnie s'y rendit avec un peloton de chasseurs d'Afrique et la compagnie des francs-tireurs de Flers (Orne). L'ennemi fut surpris dans Illiers, cinq cavaliers et l'officier commandant le détachement furent tués, deux autres hussards furent faits prisonniers. Nous nous installâmes à Illiers où nous eûmes journellement des engagements avec les éclaireurs de l'ennemi. Le 3 novembre, attaqués par des forces plus considérables, nous demandâmes du renfort au colonel Pàris et pûmes repousser l'ennemi après lui avoir fait éprouver des pertes sérieuses.

« Le 5, je reçus l'ordre du colonel Pàris de quitter Illiers et de me rendre à Courtalin pour mettre ma compagnie sous les ordres du général Fiereck.

« Arrivé le 7 à Courtalin, le général me donna l'ordre de marcher en éclaireur vers Châteaudun en avant du XVIIe corps.

« Le 8, je fus dirigé de Châteaudun vers Marboué où nous avons séjourné jusqu'au 11 novembre.

« Le 11, le général Fiereck me donna l'ordre de pousser jusqu'à Bonneval où l'on signalait de nombreux éclaireurs ennemis, et de m'établir, si possible, dans cette localité pour surveiller les environs. Arrivé à Bonneval le 12 à 4 heures du matin, j'établis immédiatement deux postes dissimulés en avant de la ville, l'un sur la route de Chartres, l'autre sur celle de Voves.

« A 7 heures, un détachement ennemi d'environ trente cuirassiers blancs se montra sur la route de Chartres tandis qu'un autre peloton, à peu près de même force, ce dernier composé de hussards, s'avançait vers nous par la route de Voves. Notre poste se préparait à les recevoir par une salve quand un peloton de dragons, arrivant au galop, les chargea à fond et leur fit prendre la fuite. Comme nos cavaliers, qui ignoraient notre embuscade, se trouvaient entre eux et nous, il nous fût impossible de faire feu.

« Les cuirassiers qui venaient par la route de Chartres étaient encore à 250 mètres environ de notre embuscade, dans laquelle ils allaient tomber, quand ils virent nos dragons sur la route de Voves et s'empressèrent de tourner bride. J'ordonnai un feu à volonté qui tua six d'entre eux et en blessa plusieurs autres. Un de ces cuirassiers fut fait prisonnier.

« Le 13 et le 14, engagements continuels, mais sans importance, avec les coureurs ennemis.

« Le 14, à Moriers, une reconnaissance de quarante uhlans fut surprise par nous, et, quoique le feu ait été ouvert à assez longue portée, cinq cavaliers furent tués, un certain nombre blessés; trois, dont un officier, furent faits prisonniers. Cet officier, du grade de capitaine, était attaché à l'état-major du prince de Saxe-Weimar; il se nommait Bernhard von Pleissen, et, comme il était dangereusement blessé, il fut transporté par nous à l'hôpital de Bonneval d'où, deux jours après, il fut dirigé sur Tours par ordre du général Fiereck.

« Dans cette rencontre, le sous-lieutenant Dupré et le sergent-major Bounin se sont particulièrement distingués.

« Le 18, dans la nuit, rencontre d'une reconnaissance de uhlans qui est mise en fuite; nous trouvâmes, le lendemain, sur le lieu de l'action, plusieurs lances brisées et de larges taches de sang.

« Le 19, attaque de Bonneval par une troupe d'environ deux mille hommes avec artillerie. Nos hommes déployés en tirailleurs dans la plaine soutinrent le choc jusqu'à l'arrivée du capitaine de vaisseau Collet, campé à 2 kilomètres de Bonneval. L'ennemi battit en retraite en incendiant le petit village de Perruchet.

« Dans la nuit du 22 au 23, nous recevons l'ordre de couper les voies ferrées, ce que nous exécutons en avant de Bonneval, dans la direction de Chartres.

« Le 23, au point du jour, ordre nous est donné d'aller en reconnaissance dans la direction de Brou. Nous arrivons à Dangeau qui est occupé par une nombreuse cavalerie. Obligé de battre en retraite, je fis déployer la compagnie en tirailleurs, appuyé que je fus par une compagnie des volontaires de l'Ouest (zouaves de Charette), accourus au bruit de notre fusillade. Le sous-lieutenant Saclier, qui commandait la ligne de tirailleurs, sut diriger très habilement sa marche et maintint à distance l'ennemi auquel il fit subir des pertes sensibles. Nous n'avons eu qu'un seul blessé dans cette escarmouche.

« Le soir même, je fis mon rapport, à la suite duquel toutes les troupes de la division reçurent l'ordre de se concentrer sur Marboué, près de Châteaudun.

« Le 25, nous sommes placés à l'extrême droite du corps d'armée qui refoula l'ennemi sur Yèvres près Brou.

« Le 26, nous gagnons la forêt de Marchenoir et sommes cantonnés du 27 au 29 courant.

« Le 30, nous gagnons Saint-Peravy-la-Combe par Ouzouer-le-Marché et Coulmiers.

« Dans la journée du 3 décembre nous reçûmes l'ordre de nous replier sur Orléans ; la route étant coupée, nous marchons sur Beaugency où nous arrivons le 6 décembre.

« Le 7, notre compagnie occupe l'extrême droite de l'armée, sur les bords de la Loire, et nous échangeons quelques coups de feu avec l'ennemi qui occupe la rive opposée.

« Le 8, nous sommes placés dès le point du jour, en avant de Beaugency, sur la route d'Orléans.

« L'officier d'état-major qui nous assigna ce poste me fit savoir qu'à ma droite devait se trouver un bataillon de gendarmerie qui devait garder la ligne jusqu'au bord de la Loire. A ma gauche, se trouvait un bataillon de chasseurs à pied, dont nous étions séparés par le remblai du chemin de fer.

« Mes hommes étant très fatigués par les grandes marches des jours précédents, je leur fis quitter les sacs qui furent entassés sur la voiture aux bagages. Deux hommes furent chargés de la garde de ce dépôt, avec ordre de se diriger sur Mers, dans le cas où l'armée serait obligée de battre en retraite.

« Le combat s'engage dès le jour sur notre gauche et, devant nous, sur la route d'Orléans, se montrent des uhlans que nous laisons arriver à bonne portée, dissimulés que nous sommes par un pli de terrain. Je commande le feu et ils tournent bride aussitôt en laissant quatre morts sur le terrain.

« A 10 heures, un brouillard épais se lève ; à 2 heures, le bruit de la mousqueterie se rapproche et quelques balles tombent ou milieu de nous ; les chasseurs à pied qui étaient à notre gauche déploient une ligne de tirailleurs et sonnent : en avant. Je suis le même mouvement, de façon à relier ma gauche à la droite des chasseurs et je me porte aussi en avant. Bientôt je distingue, quoique difficilement à cause du brouillard, une masse sombre qui se dirige vers nous venant de la Loire, un peu obliquement, du côté de notre droite. Ne pouvant distinguer quelles étaient ces troupes et croyant que les gendarmes étaient dans cette direction, j'arrêtai ma ligne dans un endroit où le terrain, s'élevant légèrement, offrait un certain abri et je fis mettre mes hommes à genoux. Reconnaissant enfin l'ennemi que j'avais pris pour le bataillon de gendarmerie, je fis ouvrir le feu et l'ennemi y répondit vigoureusement mais en visant au-dessus de nous, ce qui fit que les premières salves nous firent peu de mal [1].

« Il était alors 4 heures et demie, la nuit commençait à nous envelopper ; les masses ennemies se montraient sur notre droite qui, n'ayant pas de réserve, commençait à plier. Je songeais à me replier sur les chasseurs quand retentit de leur côté la sonnerie : en retraite ! En arrière, sur notre droite s'étendait un mur se reliant aux premières maisons de Beaugency ; un espace découvert d'environ 300 mètres nous séparait de cet abri ; je crus devoir, tout en conservant ma ligne et en continuant le feu, diriger la retraite vers ce point. A peine sommes-nous à découvert qu'une grêle de balles nous arrive. Deux hommes tombent à mes côtés ; l'ennemi arrive rapidement et coupe notre ligne en deux. Une partie de la compagnie gravit le remblai du chemin de fer sous les ordres du sous-lieutenant Dupré ; l'autre me suit et gagne les premières maisons de Beaugency. Ajoutons, ce qui n'est pas dans le rapport, que pendant cette retraite d'une cinquantaine d'hommes devant des forces considérables, un de nos volontaires nommé Charolles, serrurier à Nice, voyant tomber à ses côtés le caporal Gouget, rampiste, son ami, frappé d'une balle à la gorge, le chargea sur ses épaules et l'emporta jusque dans la ville croyant qu'il n'était que blessé. Malheureusement le pauvre Gouget, l'un de nos ouvriers les plus intelligents, avait été tué raide.

« Les obus commencent à tomber sur la ville que nous

---

[1]. Le bataillon de gendarmerie qui devait occuper l'extrême droite entre la Loire et nos volontaires avait été été surpris par l'ennemi et presque détruit la veille. C'est pourquoi l'aile droite a pu être facilement débordée, aucune troupe n'ayant eu mission de remplacer le bataillon qui faisait défaut.

traversons rapidement en ralliant une quantité de soldats de la ligne et de mobiles errant en désordre dans les rues, et à la tête de cette troupe, je gagne la route de Blois.

« A 2 kilomètres de la ville, je fais halte pour tâcher de rallier la section commandée par M. Dupré, qui parvient en effet à me rejoindre. Il fait nuit noire. Nous procédons à l'appel, seize hommes manquent. Nos bagages ont été enlevés par l'ennemi. Le lendemain nous faisons partie d'une colonne allant se reformer et s'équiper de nouveau à Tours où nous arrivons le 11. L'intendance partait le même jour; on nous donna ordre de nous porter sur Angers, où j'arrivai le 15 décembre. Nous fîmes quelques enrôlements pour combler les vides et nous fûmes rééquipés.

« Le 19, je partis pour le Mans avec ma compagnie, plus un détachement d'isolés de cent cinquante hommes, qui fut confié à ma garde avec ordre de le remettre aux autorités militaires de cette ville.

« Nous fûmes, dès notre arrivée, incorporés dans le 18e 17e corps, 1re division, sous les ordres du général de Roquebrune, qui était campé à Saint-Saturnin.

« Le 10 janvier, notre division prend la route de Parigné-l'Evêque. Nous avions à peine parcouru 7 à 8 kilomètres, quand nous fûmes arrêtés par une colonne du XVIe corps engagé depuis plus d'une demi-heure et qui se repliait sur nous. Des obus nous arrivent; nous nous portons en arrière pour faciliter le tir d'une batterie que l'on met en position et nous campons sur place.

« Le lendemain, après avoir été envoyés en reconnaissance et avoir signalé au général l'établissement de batteries ennemies en face de notre position, nous fûmes disposés en soutien de la batterie occupant les hauteurs de Parigné-l'Evêque, poste dont on nous releva à la nuit.

« Le lendemain 12, commença la retraite sur Laval. Nous

traversâmes le Mans, où les obus qui commençaient à tomber tuèrent deux de nos hommes.

« Après trois jours et trois nuits passés dans la neige, nous arrivâmes à Laval le 17. Mes hommes étaient horriblement fatigués.

« Le 22, je fus envoyé à la chapelle Anthenaise pour me mettre à la disposition du colonel Farian, commandant le 43me régiment de marche, qui occupait les avant-postes.

« Ordre me fut donné le 24, par cet officier, de m'établir en extrême avant-poste à Saint-Cénéré, près de Montsurs. Etant continuellement en contact avec l'ennemi, nous eûmes à cette époque des engagements journaliers à la chapelle Rainsoin, à Vaiges, à Saint-Léger, à Évron. Notre dernier coup de fusil, probablement le dernier de l'armée de la Loire, fut tiré à Saint-Léger, que je vins occuper la nuit et où je trouvai quatre spahis venus en reconnaissance.

« Cinq routes aboutissent à ce village; je plaçai une embuscade de dix hommes à chaque entrée du village avec consigne de laisser entrer les cavaliers ennemis et de leur fermer ensuite le passage. Défense était faite aux spahis de se montrer sous aucun prétexte.

« Au petit jour, une reconnaissance de cinquante à soixante hussards prussiens est signalée sur la route de Chammes; elle est précédée d'une pointe de cavaliers, qui arrive jusqu'aux premières maisons du village. Le détachement qui la suit s'arrête à 50 mètres en arrière; mais, à ce moment, les spahis s'étant montrés malgré ma défense, les quatre éclaireurs tournent brusquement bride et se replient au galop sur le peloton resté hors du village.

« Le sergent-major Bounin, qui commandait l'embuscade en cet endroit, ouvre alors un feu bien nourri sur le gros des hussards, qui ripostent avec leurs mousquetons avant de tourner bride.

Le poste le plus rapproché, commandé par le sous-lieutenant Saclier, se porte en courant sur le lieu de l'action et peut joindre son feu à celui du petit poste commandé par le sergent-major. Trois cavaliers tombèrent entre nos mains, six furent tués sur place. Le lendemain nous avons su qu'il y avait eu un certain nombre de blessés emportés par leurs chevaux.

« En rentrant dans notre cantonnement, nous trouvâmes un ordre du colonel nous annonçant l'armistice et m'enjoignant de conserver les positions que j'occupais. A partir de ce moment, nous fîmes partie du XVIe corps, 4me division, 3me brigade.

« Le 5 février, dans une revue de la division, le général de Roquebrune adressa des félicitations particulières à la compagnie sur sa conduite aux extrêmes avant-postes. »

A la suite de ce rapport, dont nous n'avons cité que les passages les plus importants, M. Albert Gignoux avait signalé à M. le Ministre de la Guerre, comme s'étant particulièrement distingués : MM. Louis Saclier, sous-lieutenant, et Eugène Bounin, sergent-major, ainsi que les volontaires Pierre Perrin et Emile Reynard.

Ajoutons que la conduite de cette compagnie a été exemplaire et que les certificats les plus honorables ont été délivrés à son chef par les autorités civiles de tous les pays où elle a tenu cantonnement.

XV

Les débris de nos compagnies sont rentrés à Nice dans un état des plus misérables. Plusieurs hommes malades sont morts des suites de leurs fatigues. Trois volontaires, qui avaient refusé d'entrer en Suisse, ont quitté l'armée de l'Est avec autorisation de leurs chefs et se sont présentés au dépôt avec armes et bagages; l'un d'eux, blessé au pied, n'avait d'autres chaussures qu'un chiffon de toile et c'est dans cet état qu'il a traversé le Jura couvert de neige, et passant par le mont Rizon, sans vivres, sans secours d'aucune sorte, ils arrivèrent à Collonges, d'où ils purent prendre la voie ferrée pour rentrer à Nice. Ces trois francs-tireurs étaient MM. Mallard, artiste peintre; Lajoie, entrepreneur de travaux de charpente, et Brosson, employé au Théâtre-Français à Nice. De tous les vêtements qui avaient été délivrés au départ, les manteaux à capuchon à la zouave étaient ceux qui avaient le mieux résisté et dont nos volontaires avaient tiré le meilleur parti. Le manque de sacs leur avait causé beaucoup de gêne; aussi quelques-uns étaient-ils heureux d'avoir pu s'en pourvoir pendant la campagne.

Le Conseil d'administration du corps a délivré à chaque homme, à son retour à Nice, un congé de libération et, sur l'avis des capitaines, les certificats de bonne conduite mérités par presque tous. Il a signalé au ministre de la guerre les chefs qui se sont distingués devant l'ennemi. Aucune suite n'a été donnée à cette démarche, mais si ces messieurs et leurs braves compagnons n'ont reçu aucune récompense officielle, ils ont du moins su conquérir l'estime de leurs frères d'armes et de tous les bons Français.

Nice. — Imprimerie Malvano-Mignon, rue Gioffredo, 62.

Nice. — Imprimerie Malvano-Mignon, rue Gioffredo, 62.

Nice. — Imprimerie Malvano-Mignon, rue Gioffredo, 62.

www.ingramcontent.com/pod-product-compliance
Lightning Source LLC
Chambersburg PA
CBHW070703050426
42451CB00008B/476